This Luna Rising book belongs to

Julissa Hernandez

Lupe Vargas and Her Super Best Friend

by/por Amy Costales

Illustrated by/ilustrado por
Alexandra Artigas

Lupe Vargas y su super mejor amiga

Luna Rising

www.lunarisingbooks.com

Composed in the United States of America
Printed in China

Edited by Theresa Howell
Designed by Katie Jennings

FIRST IMPRESSION 2006

ISBN 13: 978-0-87358-888-1
ISBN 10: 0-87358-888-6

06   07   08   09   10   5   4   3   2   1

Library of Congress Cataloging-in-Publication Data

Costales, A. (Amy), 1974-
Lupe Vargas and her super best friend / by A. Costales ; illustrated by Alexandra Artigas = Lupe Vargas
y su super mejor amiga / por A. Costales ; ilustrado por Alexandra Artigas.
p. cm.
Summary: After playing games, super best friends Lupe and Maritza have a disagreement
and must figure out how to make up.
ISBN-13: 978-0-87358-888-1 (hardcover : alk. paper)
ISBN-10: 0-87358-896-7 (hardcover)
[1. Best friends--Fiction. 2. Friendship--Fiction. 3. Play--Fiction. 4. Spanish language materials--Bilingual.]
I. Artigas, Alexandra, ill. II. Title. III. Title: Lupe Vargas y su super mejor amiga.
PZ73.C6746 2006
[E]--dc22
2006007350

For Clara, Kelsita and Samuel,
and for my grandfather, Manuel Costales,
who taught me my first words of Spanish.

A Clara, Kelsita y Samuel,
y a mi abuelo Manuel Costales,
quien me enseñó mis primeras palabras de español.
—A.C.

To my super best friend, Carolina,
who knows that no matter how old we get,
there is always time to play and enjoy the magic
that we create together.

A mi super mejor amiga, Carolina,
que sabe que por mucho que envejezcamos,
siempre hay tiempo para jugar y disfrutar de la magia
que creamos juntas.
—A.A.

On Monday Lupe played with her super best friend Maritza García. They climbed Maritza's oak tree, as tall as the house, and were pirates sailing the seas. Lupe wore her favorite boots with the silver tips and a cowboy hat tilted just so. Maritza was dressed like a pirate in her dad's black vest and a patch that covered her right eye. She peered through a toilet paper roll, yelling, "Land ho!"

El lunes Lupe jugó con su super mejor amiga Maritza García. Treparon el roble de Maritza, tan alto como la casa, y eran piratas navegando los mares. Lupe llevaba sus botas favoritas de puntitas plateadas y un sombrero de vaquero colocado de medio lado. Maritza estaba vestida de pirata con el chaleco negro de su papá y un parche que le tapaba el ojo derecho. Echaba un vistazo a través de un rollo de papel higiénico, gritando: "¡Tierra a la vista!"

Mrs. Ramírez, their grumbly neighbor, came out of her corn patch and howled, "Be quiet!"

La Sra. Ramírez, su vecina refunfuñona, salió de su maizal y chilló, "¡Esténse calladas!"

On Tuesday Lupe and Maritza were private detectives looking for counterfeit money. They spent the morning tiptoeing around their neighbors' sheds in search of fingerprints. Just as they had started dusting Maritza's lilac-scented powder on Mrs. Ramírez's lawnmower, she chased them away with a shout.

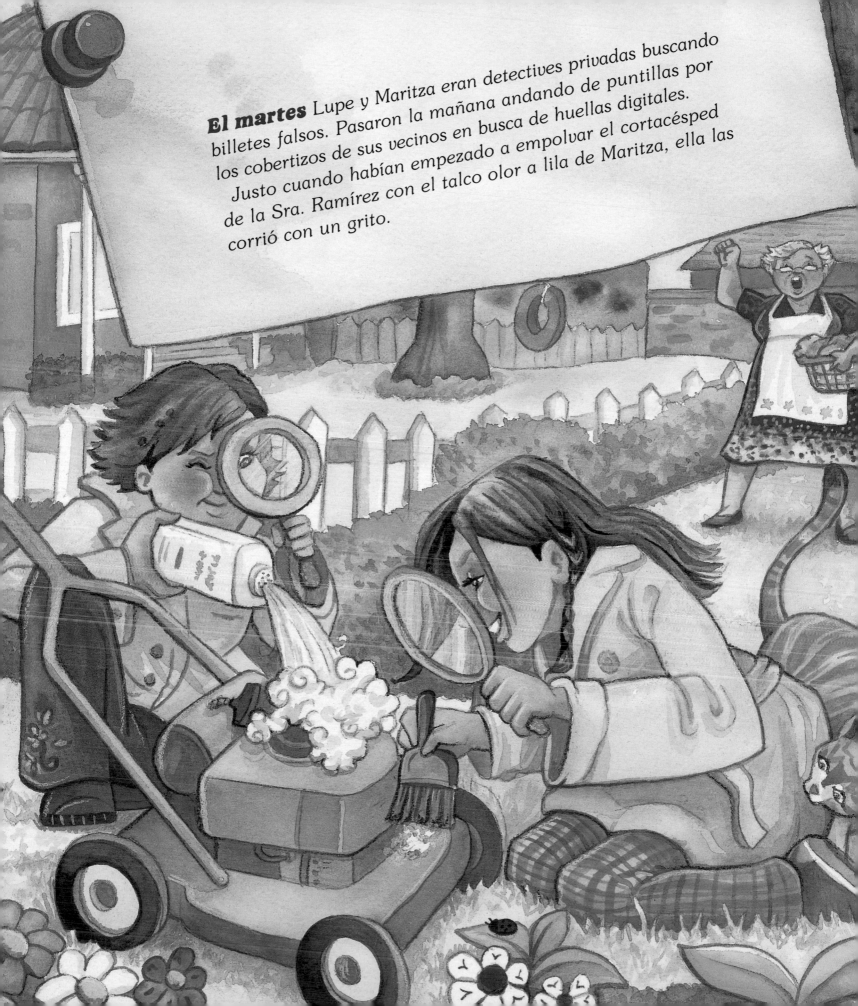

El martes Lupe y Maritza eran detectives privadas buscando billetes falsos. Pasaron la mañana andando de puntillas por los cobertizos de sus vecinos en busca de huellas digitales. Justo cuando habían empezado a empolvar el cortacésped de la Sra. Ramírez con el talco olor a lila de Maritza, ella las corrió con un grito.

On Wednesday Lupe and Maritza were famous scientists looking for mutant frogs. They had barely begun their inspection of a bucket of tadpoles when suddenly Mrs. Ramírez yelled, "Get away from my fishpond right now!"

El miércoles Lupe y Maritza eran científicas famosas buscando ranas mutantes. Apenas habían empezado a inspeccionar una cubeta de renacuajos cuando de repente la Sra. Ramírez gritó, "¡Aléjense de mi estanque ahora mismo!"

On Thursday Lupe and Maritza were heroes saving the town from an extraterrestrial invasion. They found a perfect hiding spot behind some sheets hung out in the sun. From there they could spy all the action on the street, so they waited, very quietly, for the extraterrestrials to arrive.

The ice cream man passed by pushing his cart.

Mrs. Ramírez watered her flowers.

Pepe and Paco Mejilla ran home with a basket of mangoes and warm tortillas.

El jueves Lupe y Maritza eran heroínas salvando el pueblo de una invasión de extraterrestres. Encontraron un escondite perfecto detrás de unas sábanas tendidas al sol. De allí podían espiar todo lo que pasaba en la calle, así que esperaron, muy calladas, que llegaran los extraterrestres.

El heladero pasó empujando su carrito.

La Sra. Ramírez regó sus flores.

Pepe y Paco Mejilla corrieron a casa con una canasta de mangos y tortillas calentitas.

Just when it seemed like no extraterrestrials would be appearing that day, Lupe tripped and, grabbing onto a wet sheet that was hanging in front of her nose, yanked all of Mrs. Ramírez's clean clothes to the ground, laundry line and all.

"I'm going to talk to your mothers!" promised Mrs. Ramírez.

Justo cuando parecía que ningún extraterrestre vendría ese día,
Lupe tropezó y, agarrándose de una sábana mojada que le colgaba
frente a la nariz, tiró toda la ropa limpia de la Sra. Ramírez al
suelo, con todo y cuerda.

"¡Voy a hablar con sus madres!" prometió la Sra. Ramírez.

On Friday Lupe visited her Aunt Concha, whose house smelled so strongly of chile that it made her sneeze.

Maritza paced the sidewalk all day with nothing to do.

Mrs. Ramírez watched her from the corner of her eyes, scratching her head.

El viernes Lupe visitó a su tía Concha, cuya casa olía tanto a chile que le hacía estornudar.

Maritza recorrió la acera todo el día sin nada que hacer.

La Sra. Ramírez la miraba de reojo, rascándose la cabeza.

On Saturday they were magicians inventing magic potions. They spread Maritza's purple blanket on her porch, and there they mixed lemon soda, an orange ice pop, a bit of tamarind juice left over from Lupe's lunch, and a small handful of sugar.

How delicious!

Then they mixed milk, half a cup of coffee that Maritza's mom had left on the table, a bit of horchata, and a good handful of sugar.

How *deli*…!

Well, actually, that potion didn't come out quite as tasty as the other.

El sábado eran magas inventando pociones mágicas. Tendieron la cobija violeta de Maritza en su porche y allí mezclaron refresco de limón, una paleta de naranja, un poco de agua de tamarindo que sobraba del almuerzo de Lupe y un puñado chiquito de azúcar.

¡Qué rico!

Entonces mezclaron leche, media taza de café que la mamá de Maritza había dejado en la mesa, un poco de horchata y un buen puñado de azúcar.

¡Qué ri…!

Bueno, honestamente esa poción no salió tan sabrosa como la otra.

They were snuggled up in Maritza's hammock when Lupe's mom called her home. Lupe decided to take both potions with her.

Maritza complained, but Lupe insisted. Then she insisted a little bit more. Actually, she pushed Maritza.

So Maritza took the potions and dumped them on Lupe. And Lupe, with magic potion dripping from her braids, threw a pitcher at her super best friend Maritza García.

Estaban acurrucaditas en la hamaca
de Maritza cuando la mamá de Lupe
la llamó a casa. Lupe decidió llevarse
las dos pociones consigo.

Maritza se quejó, pero Lupe insistió.
Entonces insistió un poco más.
Mejor dicho, empujó a Maritza.
Así que Maritza tomó las pociones
y se las echó encima a Lupe. Y
Lupe, con poción mágica goteándole
de las trenzas, le tiró una jarra a su
super mejor amiga Maritza García.

Mrs. Ramírez didn't say anything.

La Sra. Ramírez no dijo nada.

On Sunday morning Lupe sat down on the patio steps. Maritza was twirling half-heartedly in her old tire swing.

They weren't pirates.

They weren't detectives.

They weren't famous scientists.

They weren't heroes.

They weren't magicians.

They weren't anything.

Maritza scratched her foot. Lupe sighed. Lupe Vargas wasn't feeling very well. Actually, she felt really sad.

El domingo por la mañana Lupe se sentó en la escalera del patio. Maritza giraba con pocas ganas en su columpio de llanta vieja.

No eran piratas.

No eran detectives.

No eran científicas famosas.

No eran heroínas.

No eran magas.

No eran nada.

Maritza se rascó un pie. Lupe suspiró. Lupe Vargas no se sentía muy bien. Mejor dicho, se sentía bien triste.

Lupe went inside. She stood still for a bit, thinking. Suddenly a little smile pulled at her lips and she ran to the kitchen with a plan. She gathered some strawberries, a banana, orange juice, condensed milk, ice, and, as a final touch, a ruby-red cactus fruit. She put it all in the blender, and, with the help of her mother, blended it. Then she tasted the shake with a spoon. It was good—so good that it made her smile. And it tasted precisely like magic potion.

Lupe se metió adentro. Se quedó parada allí quietecita un rato, pensando. De repente una sonrisa le brotó de los labios y corrió a la cocina con un plan. Juntó unas fresas, un plátano, jugo de naranja, leche condensada, hielo y, de toque final, una tuna tan roja como un rubí. Puso todo en la licuadora y, con la ayuda de su mamá, lo licuó. Entonces probó el licuado con una cuchara. Estaba bueno, tan bueno que la hizo sonreír. Y tenía sabor precisamente a poción mágica.

Then Lupe took a deep breath, grabbed a napkin, and walked directly to Maritza, offering her the potion.

Maritza looked at the potion in silence. She stopped swinging. She rubbed the ground with her bare feet. She nibbled on a finger. And finally, she took the glass.

She drank a bit of magic potion. She drank a bit more. And then she offered some to her super best friend Lupe Vargas. In that instant, Lupe felt much better.

Entonces Lupe respiró hondo, agarró una servilleta y caminó directamente hacia Maritza, ofreciéndole la poción.

Maritza miró la poción en silencio. Dejó de columpiarse. Rozó el suelo con los pies descalzos. Se mordisqueó un dedo. Y, por fín, agarró el vaso.

Tomó tantita poción mágica. Tomó tantita más. Y entonces le ofreció un poco a su super mejor amiga Lupe Vargas. En ese instante, Lupe se sintió mucho mejor.

As for Mrs. Ramírez, she felt much better, too. She returned to her cornpatch with a smile, hoping for some peace and quiet.

En cuanto a la Sra. Ramírez, ella también se sintió mucho mejor. Regresó a su maizal con una sonrisa, esperando tener un poco de paz y silencio.

And Lupe and Maritza, well, they were already busy planning a neighborhood pet parade.

Y Lupe y Maritza, pues, ellas ya andaban ocupadas planeado un desfile de las mascotas del barrio.